I0212364

Jair Cortés

Historia solar

Solar History

Traducción Don Cellini

artepoética press

New York
2019

Colección
Rambla de Mar

Historia Solar / Solar History

ISBN-13: 978-1-940075-65-5
ISBN-10: 1-940075-65-3

Design: © Carlos Velásquez Torres
Cover & Image: © Jhon Aguasaco
Editor in chief: Carlos Velásquez Torres
E-mail: carlos@artepoetica.com
Mail: 38-38 215 Place, Bayside, NY 11361, USA.

© Historia Solar, 2019 Jair Cortés
© Solar History, 2019 Don Cellini
© Historia Solar, 2019 for this edition Artepoética Press

All rights reserved. No part of this publication may be reproduced, distributed, or transmitted in any form or by any means, including photocopying, recording, or other electronic or mechanical methods, without the prior written permission of the publisher, except in the case of brief quotations embodied in critical reviews and certain other noncommercial uses permitted by copyright law. For permission requests, write to the publisher, addressed "Attention: Permissions Coordinator," at the address below: 38-38 215 Place, Bayside, NY 11361, USA

Todos los derechos reservados. Esta publicación no puede ser reproducida, ni en todo ni en parte, ni registrada en o transmitida por, un sistema de recuperación de información, en ninguna forma ni por ningún medio, sea mecánico, fotoquímico, electrónico, magnético, electroóptico, por fotocopia, o cualquier otro, sin el permiso previo por escrito de la editorial, excepto en casos de citación breve en reseñas críticas y otros usos no comerciales permitidos por la ley de derechos de autor. Para solicitar permiso, escríbale al editor a: 38-38 215 Place, Bayside, NY 11361, USA.

Jair Cortés

Historia solar

Solar History

Colección
Rambla de Mar

Contenido / Contents

Los artistas son las antenas de la raza.
Ezra Pound

Radio. (Del latín radius). Geom. Línea recta tirada desde el centro del círculo hasta la circunferencia. 2. Rayo de la rueda. 3. Anat. Hueso contiguo al cúbito, y un poco más corto y más bajo que éste con el cual forma el antebrazo. 4. De acción. Máximo alcance o eficacia de un agente o instrumento. 5. Distancia máxima que un vehículo aéreo, marítimo o terrestre puede cubrir regresando al lugar de partida sin repostarse.

Radio². (De radium, nombre dado a este cuerpo por sus descubridores.) Química. Metal descubierto en Francia por los químicos consortes Curie. Es conocido principalmente por sus sales, que, por desintegración espontánea y muy lenta de sus núcleos atómicos, emiten elementos de dichos núcleos. Número atómico: 88. Símbolo: Ra.

Radio³. Término general que se aplica al uso de las ondas radioeléctricas. Emisora de radiodifusión.

Diccionario de la Real Academia
de la Lengua española

The artists are the antennae of the race.
Ezra Pound

Radio. (From the Latin radius) Geom. Straight line drawn from the center of the circle to the circumference. 2. Spoke of a wheel. 3. Anat. Bone adjacent to the ulna, which exceeds it in length and size and forms the forearm. 4. Of action. Maximum reach or effectiveness of an agent or instrument. 5. Maximum distance an air, maritime or terrestrial vehicle can cover returning to its place of departure without refueling.

Radio². (From radium, the name given to this body by its discoverers.) Chemical. Metal discovered in France by the spouses Curie. Known mainly for its salts, which, through slow and spontaneous decay of their atomic nuclei, emit such nuclear elements. Atomic number: 88. Symbol: Ra.

Radio³. General term that is applied to the use of radio waves. Broadcasting station.

Diccionario de la Real Academia
de la Lengua española

El transistor es un aparato semiconductor en estado sólido, capaz de desarrollar muchas funciones que antes sólo efectuaban los tubos al vacío. Para comprender mejor la manera de cómo opera un transistor, es conveniente repasar ciertos principios básicos de física atómica.

Sol Libes.
Reparación de radios de transistores (1964)

*The transistor is a semiconductor device in a
solid state, able to perform many
functions that were previously carried out by vacuum
tubes. To better understand how
a transistor operates, it is helpful to review certain
basic principles of atomic physics.*

*Sol Libes.
Repairing transistor radios (1964)*

EL RADIO DE LA LUZ

THE RADIUS OF LIGHT

Novedad en la tiniebla

Y hasta lo que es nuevo,
reciente para mí,
he olvidado.

Deshebrado mi pensamiento
quiere decirme que, a veces,
sin querer,
miento
y no hay albura, fulgor de papel aluminio,
que parpadee
ni amanecer asombroso que perdure.

Encorvado en mí
como a punto de nacer otra vez,
envejezco…

Me aviva la luz
y un sigilo se hace de vidrios
cuando algo me recuerda que hubo "alguna vez".

Ahora esta duermevela
este (despacio) irse
o quedarse
en tinieblas:
un alma que, desde la claridad,
proyecta su propia sombra.

New in the darkness

And even what is
recently new for me,
I have forgotten.

Without wanting to,
my frayed thinking
sometimes wants to tell me
that I lie
and there is no brightness, no shining of aluminum foil
that flashes
nor amazing dawn that lasts.

Bent over on myself
as if to be born again,
I grow old…

The light revives me
and a secrecy is made of glass
when something reminds me of what once was.

Now this sleepiness
this (slow) leaving
or staying
in darkness:
a soul that brightly
casts its own shadow.

Galvanizado

Torpe,
lenta rueda de las cuatro de la tarde,
cuando la alacena queda abierta
y un reloj gotea segundos sobre la estufa.

Galvanizados quedan los oídos,
cuando los motores se apagan
y el pulgar
y el índice apresan la plateada llave del Nissan.

Torpe,
lenta la mano,
tontea en el bolso para buscar el cigarro.

Torpe,
quieres echarte hacia atrás,
delimitar terrenos con un dedo sobre la arena,
dibujar un diagrama
para explicar en esta hora sagrada
que la rueda rechina
desde tus oídos hasta tu garganta.

Sin aviso:
la música inicia
y da cuerda al viento:
sin aviso.

En.gra.nes mo.viéndose.

La maquinaria otra vez tiene vigor,
avanza gigante con todos los camiones del mundo
en donde los choferes encienden la radio.

Galvanized

Clumsy,
slow wheel of four in the afternoon,
when the cupboard is open
and a clock leaks seconds on the stove.

The ears remain galvanized
when the motors turn off
and the thumb
and the index finger catch the silverplated key of the Nissan.

Clumsy,
slow handed,
fumbling in the pocket for a cigarette.

Clumsy,
you want to turn back,
to define lands with a finger in the sand,
to draw a diagram
to explain in this sacred hour
that the wheel grates
from your ears to your throat

Without warning:
the music starts
and becomes a spark for the wind:
without warning.

Gears mov.ing.

The gigantic machinery is powerful again,
and advances with all the trucks of the world
where drivers turn on the radio.

La música da cuerda a los que perdieron la cordura.

Sin aviso.

Torpe tú,
solo, barandal,
caminas ciego
buscando una almohada,
una sábana morada
que cubra tu antojo de dormir.

El índice y el pulgar deberían decirte que ya,
¡listo!
el motor enciende,
pero, siendo sinceros,
¿para qué?

The music is a spark to those who have lost their sanity.

Without warning.

Clumsy you,
alone, handrail,
walking blind
looking for a pillow,
a purple sheet
to cover your craving for sleep.

The index and thumb should tell you,
hurry up!
the motor starts,
but, being sincere,
what for?

Y le devuelve a la noche su oscuridad primitiva

¿De dónde proviene ese murmullo,
        ese siseo sin sentido?
Como un insecto que de un árbol baja
llega hasta la ventana
al pasillo
a la mesa.

Escucha:
puede ser un grillo,
una arandela solitaria rozando el quicio de la oscuridad.

Escucha la noche:
pega tu oído a su pecho
altamar / bajamar
tu respiración.

Es una cuchara la noche
que hurga en el fondo de frío peltre:
        ruido azul.

¿De dónde, ruido, de que extraño escondite vienes?
¿de esa pequeña caja gris (radio)?

12 de la noche:
lo último que tus oídos alcanzan a distinguir
es un himno
que te invita a la guerra.

And he returns the primitive darkness to the night

Where does that murmuring come from,
        that meaningless hiss?
Like an insect that descends a tree
arriving at the window
the hallway
the table.

Listen:
it could be a cricket,
a solitary washer rubbing the doorjamb of darkness.

Listen to the night:
glue your ear to its chest
high tide / low tide
your breathing.

Night is a spoon
scrapping the bottom of an enameled tin cup
        blue noise.

Where, do you come from, noise?
From that small gray box (radio)?

12 at night:
the last thing that your ears manage to distinguish
is a hymn
that invites you to war.

Norte

Yo no sabía
que el círculo aquel
que abrí una tarde del verano del 94
era el que ayer cerraba
cuando visité el lugar que fue mi casa:
ruinas crecieron ahí, maleza que trepa por la pared descolorida
        [ahí, maleza   descolorida]
como alguna vez yo trepé sin zapatos.

Nadie vive en ese sitio,
nada de espectral hay tampoco,
sólo un aire con olor a sal recorre el patio.

Cristales sucios
por donde se asoma un sol envejecido
que se arrastra
por la fachada y el techo.

Yo no sabía,
no quise saber por qué la gente se torna triste
cuando vuelve,
muchos años después,
al lugar que consideró suyo,
y mira en los ladrillos
una parte de su historia.

Ayer dejé
una moneda de plata
en la entrada de la puerta.

Mi pago,
mi forma de decir que nada nos debemos,
que nada hay

North

I didn't know
that the circle
that opened one afternoon in the summer of 94
was the one that closed yesterday
when I visited the place that had been my home:
ruins grew there, weeds that climbed over the faded wall
    [there, faded   weeds]
like I once climbed barefoot.

No one lives in this place,
not anything spectral either,
just an air of salt that runs through the patio.

Dirty windows
where an ancient sun appears
and drags itself
up the façade and the roof.

I didn't know,
I didn't want to know why people get sad
when they return
many years later,
to a place considered theirs,
and see a part of their history
in the bricks.

Yesterday I left
a silver coin
at the entry to the house.

My payment,
my way of saying we don't owe each other anything,
that there is nothing left

entre esas ruinas que se quedan,
y éstas que llevo dentro
y que comienzan,
con un dolor en las rodillas,
cuando el frío viento llega desde el norte.

within these ruins,
except these that I carry inside
and they begin
with an ache in my knees
when the cold wind comes from the north.

Llega el tiempo

[…en sus metalizados caminos / de tiempo
pasado y tiempo futuro.
T.S. Eliot]

Llega el tiempo
en el que las historias se revuelven en la memoria,
cables viejos
que pierden su color
y se confunden
atados por una cinta negra.

Nombres que no se escribieron,
direcciones perdidas que,
a pesar de no estar en agenda alguna,
siguen revelando su número,
una puerta que se abre
y una muchacha acalorada que se asoma
y nos invita a pasar.

Llega el tiempo,
se sienta entre nosotros
cuando revisamos cartas y fotografías,
cajas de cigarros,
un estuche de reloj.

Todo sigue sucediendo,
una onda que hace años se emitió
y que viaja sin cesar llevando una noticia,
una carga,
            pasado revuelto ya con el futuro,
                    tiempo tras el tiempo y sin tiempo.

Time arrives

[...on its metalled ways / of time
past and time future.
T.S.Elliot]

Time arrives
in stories mixed in memory,
old wires
that lose their color
and meld together,
tied by a black ribbon.

Unwritten names,
lost addresses that,
in spite of not being in any address book,
keep revealing their number,
a door that opens
and an excited girl who appears
and invites us to come in.

Time arrives,
sits among us
when we go over letters and photographs,
boxes of cigarettes,
a watchcase.

Everything keeps happening,
a wave that was broadcast years ago
and that ceaselessly carries news,
a charge
        past already mixed with the future,
                time after time without time.

Soldadura

En la quemadura
el ardiente utensilio

cautín

hirviendo el metal que toca

        todo suceso hierve
        en nuestro interior

la memoria oxida manzanas

        dos muchachas que ya son abuelas
        tu hermano se llena de canas

        las arrugas surcan el rostro de tus amigos
        que con sus manos abanican fantasmas

Los números

    1   4   9   16   ?   36   ?

gotas de soldadura hirviendo
los números

    1   2   5   ?   41   122

Mercurial
el aire se hace viejo
        si no resuelves el problema

        y el papel se torna amarillo apenas en un parpadeo.

Soldering

In the scalding
the burning tool

                    soldering iron

boiling the metal it touches

            all events boil
            inside us

memory rusts apples

        two girls who are already grandmothers
        your brother gray-haired

        wrinkles furrow the face of your friends
        who fan ghosts with their hands

The numbers

        1   4   9   16   ?   36   ?

drops of boiling solder
the numbers

    1   2   5   ?   41   122

Mercurial
the air becomes old
        if you don't solve the problem

        and paper turns yellow in the blink of an eye.

Recordar (no) es volver a vivir

Fotografía-homenaje a José Emilio Pacheco

Capturó una hermosa imagen
¿capturó?

No se puede capturar nada,
en esta vida la belleza y la fealdad
son piedras siamesas que de nuestras manos escapan.

No detienes el tiempo:
el tiempo te hace creer que lo detienes
pero tus ojos miran
lo que ya ha ocurrido
y crees que recordar es volver a vivir.

Volver a vivir
es darse cuenta de que nada se detiene.

Vivir
es una trampa
que no repite sus mecanismos,
su camuflaje,
su intermitente deseo que te atrae.

La red sólo captura al pez (no al agua).

Una mirada no captura nada:
no hay redes en el mirar:
es por donde escapa el instante
que nuestra sustancia aparece
para luego perderse en el río
                en el lodo,
                        en el delta del deseo,

Remembering is (not) living again

Photograph – homage to José Emilio Pacheco

A beautiful image was captured.
Captured?

Nothing can be captured
in life, beauty and ugliness
are Siamese twins that escape our hands.

You don't stop time:
time makes you believe that you stop it
but your eyes see
what has happened
and you think that remembering is coming back to life.

To live again
is to realize that nothing stops.

Living
is a trap
that doesn't repeat its mechanisms,
its camouflage,
its intermittent desire that attracts you.

The net only captures the fish (not the water).

A glance captures nothing:
there are no nets in looking:
it's where the instance escapes
that our substance appears
later to get lost in the river
                    it's mud
                            in the delta of desire,

en esa bifurcación
donde tu memoria no sabe hacia dónde debe dirigirse
para recordar
lo que crees que has vivido.

it's the branch
where your memory doesn't know where to head
in order to remember
what you think you have lived.

Revuelta

Una revuelta
      un electrón
            que en el vacío se traslada
operación sonora
            cirujano el oído

La idea
cimbra desde adentro hacia fuera:
                  de aquí para allá
y en este para allá no hay pausa
           nohayundetenerse
           de aire
                     ondas
       corrientes

La idea
      siembra escorbuto en la boca del peón

          Hubo una revuelta
pólvora
          sílabas
acumuladas en el cajón de la cabeza
revolver
           revuelta
           residuos

desde adentro

      la vesícula biliar de la ciudad estalló

               pólvo-Ra

               el polvo de los dioses

Riot

A riot
      an electron
            that moves in a vacuum
resounding operation
                ear surgeon

The idea
sways from inside out:
                        from here to there
and from there to here there is no pause
                thereisnostopping
                air
                      waves
          currents

The idea
      plants scurvy in the mouth of the peon.

          There was a riot
gunpowder
            syllables
accumulations in the drawer of the head
revolve
          revolt
          residue

from within

     the gallbladder of the city exploded

          gunpowder

          the powder of the gods

On

enciende la radio

las seis de la mañana
la voz que te acompaña

transcurrió en un radio no mayor de doce kilómetros mi vida
por cinco años

cuartos

diferentes

puertas que cerré y abrí

mi mano

conoce el secreto giro

muñeca

radio

y cúbito

perilla

universo
adentro

bisagra
es
la voz
que
te
une
con
los
demás

Jair Cortés

On

> turn on the radio

> > six in the morning
> > the voice that accompanies you

my life took place in a radius of no more than twelve kilometers
for five years

> > > different

rooms

> > doors I closed and opened

my hand

> knows the secret twist

> > > wrist

> > ulna

> > > and radio

knob

> universe
> within

> > > > > hinge
> > > > > is
> > > > > the voice
> > > > > that
> > > > > unites
> > > > > you
> > > > > with
> > > > > the
> > > > > others

37

Sol

Este era un solar
metales y carne
óxido bajo la tierra.

La luz hacia progresar las raíces
tubérculos puntiformes.

La luz ayudó a crecer dentro de mí
un plateado resentimiento
y una muda simpatía
por las aspas de un ventilador.

$$(((((s o l a r)))))$$

Este era un niño que arrancaron de la tierra

de un tajo

le robaron su ceguera de topo,

cristales de soledad,

mineral destierro:

tanto sol y él sin raíces sin manos sin pinzas sin poder decir
sin permiso para pronunciar amor
(…)

Sun

This was solar
metals and flesh
rust beneath the plot of earth.

The light was making the roots progress
tubercular punctiforms.

The light helped a silver resentment
grow within me
and a silent sympathy
for the blades of a fan.

((((((s o l a r))))))

This was a child they uprooted from the earth

from a slash

they stole the blindness of a mole,

crystals of solitude,

mineral exile:

so much sun and without roots without hands without
/claws without being able to speak
without permission to utter love
(...)

Poética

Para Suki, Kaiser, Braulio y Gary

yo dije que había leído
te dije que había leído que había letras unidas
conjuntos de letras que no se separaban

que ésas eran mis razones para decirte hay una bodega
/en la que
guardo en la que guardo
una dislexia para Dios

seguir vivo y mantener aceitadas las puertas
de esa alacena que llamas fe desde el incendio que
/comprende tu
hígado y tus riñones y tu estómago

te dije que el horror no es ser padre sino ser hijo y estar
/quejándose
de la lujuria y de las venas y de una adolescente estrella
/que es signo
y sello
de un purgatorio impostor

que había una caja de puros sobre la mesa blanca y una
/verde pared
simulando una habitación en la que alguien quema una
/bitácora

que el motor está compuesto
de aleaciones de ideas y creencias
y las pesadillas en una curva desde
donde podemos ver el valle asesino de la Creación

Poetics

For Suki, Kaiser, Braulio and Gary

I said that I had read
I told you that I had read that there were letter sets
units of letters that could not be separated

that they were my reasons for telling you that there is a
/store in which
I keep in which I keep
a dyslexia for God

staying alive and oiling the doors
of the cupboard that you call faith from the fire that
/includes your
liver and your kidneys and your stomach

I told you that horror is not being a father but being a son
/and complaining
of lust and veins and a teenage star that is a sign

and seal
of a purgatory imposter

that there was a box of cigars on the white table and a
/green wall
simulating a room in which someone burns a log

that the motor is composed
of the alloys of ideas and beliefs
and the nightmares in a curve from which
we can see the killer valley of Creation

que hay una llave oculta en tu bolsillo
que confundes con las llaves de tu casa
pero en realidad es una llave fantasma de una casa en
/donde viven
todos los que has perdido

se puede convencer a los extraños
pero no al íntimo sujeto que te contradice todo el tiempo
impulsando esa siniestra derecha a escribir mi propaganda tu
basura

te dije que había leído
amenacé con darte un bocado del infierno
con ser un estorbo para los ocultos ojos de los censores
te dije que había una bodega una llave fantasma una llave
/que abre
la cerradura de la puerta donde descansa la palabra la
/palabra llave

la llave de Dios

that there is a key hidden in your pocket
that you confuse with the keys to your house
but in reality it's a ghost key to a house where
everything that you have lost lives

strangers can be convinced
but not the intimate friend that always contradicts
impelling my sinister right hand to write my propaganda your
trash

I told you that I had read
I threatened to give you a morsel of hell
that in spite of being a nuisance for the censors
I told you that there was a store a ghost key a key that
                                                    /opens
the lock of the door where the word rests the key word

the key of God

Siega

Ven aquí
        ayúdame
aquí
a limar este metal frío,
este frío que a mi corazón vuelve un fragmento de metal.

Acerca tu mano
dirige mis movimientos,
porque solo no puedo,

y este metal ya va cobrando vida.

Escudo, blindaje,
le llamabas
cuando por el llano caminábamos
y el cerro
se miraba azul,
por la vereda que hacían nuestros pasos
y los pasos de otros
y otros que antes pasaron por aquí
al lado de las altas matas.

Pero ven,
aquí en este remolino de hierbas
en esta engarzada agua de río
pronuncia
la i con su punto.

Ayúdame a limar las orillas,
para poder sentir la amplitud
de la hoz en que me he convertido.

Harvest

Come here
        help me
here
to smooth this cold metal
this cold that turns my heart to a fragment of metal.

Bring your hand close
direct my movements
because I cannot do it alone,

and this metal is already coming to life.

Shield, armor,
you called it
when we were walking along the plain
and the hill
was looking blue,
along the path our steps made
and the steps of others
and others who passed through here before
beside the tall bushes.

But come,
here in this swirl of grasses
in this confluence of river water
I cross the t's
and dot the i's.

Help me smooth off the edges,
to be able to feel the largeness
of the sickle that I have become.

Escollera

Romperás
escollera de galio
los cables de tu frase
y verás que no era una batería
la que alimentaba tu dolor
sino un transistor inservible
que defendiste de ladrones y avaros.

Romperás
tú, contigo mismo,
hurtarás los números
en la ecuación de tu desgracia
o en el pizarrón
en donde enseñabas a callar a la gente.

Romperás
con tus propias manos
lo que tus manos hicieron:
una tablita
en donde dibujaste una orquesta
una orquesta que inflamaba sus metales en una boda.

Romperás
ola de exagerada locura
sobre la piedra
y silencio romperás.

Breakwater

You will break
the cables of your sentence
gallium breakwater
and you will see that it was not a battery
that fed your pain
but a useless transistor instead
that you defended from thieves and misers.

You will break,
from yourself,
you will steal the numbers
of the equation of your misfortune
or on the chalkboard
where you were teaching the people to be silent.

You will break
with your own hands
what your hands had made:
a small board
where you had drawn an orchestra
an orchestra that ignited its metals in a wedding.

You will break
on the stone
wave of exaggerated madness
and you will break silence.

De día y de noche

> *[Tendidos en la yerba / Una muchacha y un muchacho...*
> *Octavio Paz]*

I.

De día

Ellos miraban el cielo
tirados bocarriba en la arena
y su mirada de plata
en el cielo
era un pez
fuera del agua
que saltaba.

( )

La mano de Dios,
transparente,
apresaba su mirada,
y ellos dos,
miraban desde el cielo
sus cuerpos tirados
sobre la arena.

II

De noche

Ellos
arrojaron una flecha cargada de luz negra

Day and Night

[A girl and a boy / lying on the grass...
Octavio Paz]

I.

During the Day

They looked at the sky
lying face-up on the sand
and their silver gaze
of the sky
was a fish
jumping
out of water.

( )

The hand of God,
transparent,
captured their gaze
and saw the two of them
from the sky
their bodies lying
on the sand.

II

At Night

They
launched an arrow charged with black light

hasta donde el primer pliegue del cielo
hace su gélido gesto de aire
y la mano de Dios,
enfundada en su guante de negro cuero,
tomó por sorpresa la flecha de luz negra,
y la devolvió al corazón de los dos que,
sobre la arena,
chispas de silencio intercambiaban.

up to the first crease of heaven
where it makes its icy gesture
and the hand of God,
sheathed in his black leather glove,
caught the arrow of black light by surprise
and returned it to the heart of the two
on the sand, who
exchanged sparks of silence.

No

No tuviste verdad,
no en tu huerto.
Tuviste una cajita que llamaste radio,
y conociste el voltaje de la existencia en una playa.

No tuviste que darme una moneda
para convocar a la decencia:
era yo la decencia misma,
con zapatos rotos,
que te buscaba en las más pestilentes cantinas.

Un coro
desde esa cajita, nos cantaba,
y con el vino
dijiste que me querías
decir
una cosa.

Y al día siguiente,
con barba y mil años encima,
pensé en el cuarto rayo del sol
que caía sobre la encalada pared,
mientras un escarabajo parecía buscar
el umbral de ese ruido,
de esos dientes tuyos,
de sal, sin alivio.

No

You had no truth,
not in your orchard.
You had a small box that you called radio,
and you found the voltage of existence on a beach.

You didn't have to give me a coin
to convoke decency:
I was decency itself,
with worn shoes,
and l Iooked for you in the foulest bars.

A chorus
sang to us from that box
and, along with the wine,
said that you wanted
to tell me
something.

And the next day,
with a beard and a thousand years above,
I thought about the fourth ray of the sun
that fell on the whitewashed wall,
while a beetle seemed to search
the threshold of that noise,
of those teeth of yours,
of salt, without relief.

Alumbramiento

Hombres y mujeres
se han reunido alrededor de ella.
Los testigos del milagro ayudan,
entre jadeos y sudor,
a que el verbo de luminosa fuerza venga al mundo.

La mujer
alumbra
desde su dichoso dolor
esta parte sombreada de la tierra,
y llorar es el canto del que inaugura
una alegría indescriptible.

Dar a luz
dar luz a otra luz misteriosa,
que mueve sus pequeñas manos
queriendo agarrar el aire.

Y entonces los demás
miran al pequeño átomo,
y buscan rodearlo,
porque él los imanta,
los atrae desde la ternura
y la egoísta curiosidad de un extranjero.

Giving Birth

Men and women
have gathered together around her.
The witnesses of the miracle help,
between panting and perspiration,
the verb of light force come into the world.

From her blessed pain,
the woman
illuminates
this shaded part of the earth,
and crying is the singing that inaugurates
an indescribable joy.

To give birth
to give light to another mysterious light
that moves its small hands
wanting to seize the air.

And then the others
look at the small atom
and seek to surround it
because it magnetizes them,
it attracts from them the tenderness
and egotistical curiosity of a stranger.

ELECTRÓNICA LECTURA

ELECTRONIC READING

La lectura de la luz

> [*Esta luz de mañana transparente / reflejada, no sé cuántas veces...*
> *William Carlos Williams*]

1

Lo nuevo que en tus ojos nace
es un destello
chispa: arenque

                            pestaña

      gota

Lo antiguo que en tus oídos se oculta
en una señal muerta

ruido blanco

                  ¿gises en el aire?

y tus manos se mueven
(todavía)

mientras la venda en tu cabeza oculta la herida

En los pasillos
muchachas níveas
le piden a una secretaria
cuyos ojos de obsidiana miran hacia adentro
que realice la lectura de la luz

la lectura de la luz   repito

y no hay espejo que vuelva a darte una imagen
ya no hay
gota
pestaña
arenque

Reading about light

> *[This quiet morning light / reflected how many times…*
> *William Carlos Williams]*

1

That new thing born in your eyes
is a twinkle
spark: herring

                eyelash

    drop

The old thing that hides in your ear
is a dead signal

white noise

          chalk in the air?

and your hands move
(still)

while the bandage on your head hides the wound

In the corridors
snow-white girls
ask a secretary
whose obsidian eyes look inward
carrying out the reading of the light

the reading of the light   I repeat

and there is no mirror that returns an image
there is no
drop
eyelash
herring

2

Oigo la luz
argénteo polvo
cae
entre una bruma de destellos

2

I hear the light
silver-plated dust
fall
through a twinkling mist

3

La felicidad
estalló en ustedes
y su invisible carcajada

         abrió

              en su corazón
              una llaga

Una llaga
comenzó a crecer
      enredadera
          por dentro
ramos
        espinas
hojas
     flores púrpuras

y mientras ella crecía
sus manos
unidas
eran raíces
secas para la naturaleza

y ninguna tormenta
era demasiada lluvia

3

Happiness
exploded in you
and its invisible laughter

        opened

           a wound
           in your heart

An ulcer
began to grow
    twined
        inside
branches
        thorns
leaves
      purple flowers

and while it grew
your folded
hands
were dry
roots for nature

and no thunderstorm
bought enough rain

4

Come de nosotros,
la estación plateada
come de nosotros:
un gusano adentro de la fruta,
alimentándose
mientras su casa se pudre.

Come de nosotros,
                    carbono,
                                cuatro paredes.

¿No hay soplo de estrella que nos ayude?

Come de nosotros,
para hacernos nadie
en esta frecuencia de silencio.

Come de nosotros,
                    carbono,
                                piedra,
                                        diamante.

4

Eat of us,
the silvered season
feeds on us:
a worm inside the fruit
feeding itself
while its house rots.

Eat of us,
            carbon

                        four walls.

Is there no breath of star to help us?

Eat of us,
make us no one
in this frequency of silence.

Eat of us,
            carbon,

                        stone,

                                    diamond.

5

En el día abierto de la ciencia
(en este siglo no).

Los viejos trucos de siempre:
una mirada
abriendo de par en par
las puertas de un laboratorio.

Un guiño:
flechado por el cielo.

Después desviar la mirada
un electrón inestable
mientras la pared es testigo.

Sentir esa reacción en cadena
primero la boca seca
después el pulso
alocado
los celos Nagasaki
el golpe Hiroshima.

La desolación de caminar a solas,
expulsado,
mientras en el paisaje
nace la explosión del sol en el horizonte
y crees que el verano canta fuego.

5

On the opening day of science
(not in this century).

The same old tricks:
a look
the doors of a laboratory
wide open.

A wink:
arrow through the sky.

After deflecting the look
an unstable electron
while the wall is witness.

Feeling that chain reaction
first the dry mouth
after the crazed
pulse
jealous Nagasaki
the impact Hiroshima.

The desolation of walking alone,
expelled,
while the explosion of the sun
is born on the horizon of the landscape
and you think that summer sings fire.

Escribano

[deja que mi mano errante adentre…
Augusto de Campos]

Forzado.
En verdad forzado
a escribir
bajo el aceite combustible de esta lámpara.

A trazar planos sin fin,
a realizar líneas,
garabatos en un pizarrón verduzco.

Forzado a escribir fórmulas,
para que el tiempo siga derecho
y no me vea.

Para que la máquina
siga su trabajo a solas,
sin saber quién soy,
sin voltear a verme.

El ocio en mí no tiene fortuna:
si mi mano derecha descansa,
la izquierda de inmediato acuña nuevos términos.

Mis ojos avanzan sobre las rayas,
      rueda mi mirada,
    el péndulo aturde,
        tambor,
            protón,
               neutrón,
                  electrón.

Scribe

*[let my wandering hand penetrate…
Augusto de Campos]*

Forced.
Truly forced
to write
beneath the fuel oil of this lamp.

To trace endless planes,
to make lines,
squiggles on a greenish chalkboard.

Forced to write formulas,
so that time keeps on
and doesn't see me.

So that the machine
continues its work alone,
without knowing who I am
without turning around to see me.

Leisure has no fortune in me:
if my right hand rests,
the left immediately coins new words.

My eyes advance along the lines
       my gaze rolls
       the pendulum strums
           drum
                proton
                    neutron
                        electron.

DE TRANSISTORES

ABOUT TRANSISTORS

1

¿Podría decirse que papá es una palabra-objeto?
semiconductor la pregunta
cursiva la respuesta: un átomo de carbono

el radio dice
           /al otro lado de las cosas/
                       galio en mi sangre / papá

1

Could it be said that dad is a word-object?
semiconductor the question
cursive the answer: a carbon atom

the radio says
                /on the other side of things/
                                allium in my blood / dad

2

electrones de valencia

lo que me une con el otro me une a ti
                              como del brazo
en un baile
      en donde giramos en círculos e intercambiamos parejas
voy hacia a ti
y en la siguiente ronda voy hacia ella
                              aluminio y galio
impurezas en la sangre

2

valence electrons

what joins me to another joins me to you
                              like my arm
in a dance
          where we spin in circles and exchange partners
I go toward you
and in the next round I go toward her
                              aluminum and gallium
impurities in blood

3

Guion

Locutor 1:
trabajé en la radio   Música: Johan Sebastián Bach
                    La Pasión según San Mateo

Las madrugadas en las que el desierto buscaba a su presa
yo
trabajaba en la radio

                                    en un cuarto / piso

Locutor 2:
Trabajé en la radio
            sólo el milagro era testigo
y yo era un reloj
                    una estatua del sonido.

3

Script

Announcer 1:
I worked on the radio   Music: Johan Sebastian Bach
                    The Passion According to Saint Matthew

The morning when the desert was looking for its prey
I
was working on the radio

                              in a room / on a floor

Announcer 2:
I worked on the radio
        the only witness was a miracle
I was a watch

                    a statue of sound.

4

todos somos lectores del mundo /
el mundo es lector de sí mismo /
si la energía no se ve
es porque no hemos aprendido a leerla.

4

we are all readers of the world /
the world is a reader of itself /
if energy can't be seen
it's because we haven't learned to read it.

5

Chernobyl

Al tercer día,
el resplandor
me ha despertado.

Molesto por esta gloria en ayunas
pensando en el radio
no tengo más que palabras
para decir que estoy enfermo.

Al mediodía
una vez que vuelvo a dar vuelta
(con mi brazo roto)
a la noria que ayuda a darle vuelta
a otras norias
soy el hambre de vida

boquiabierto
sueño despierto.

En la mesa he tenido hambre

                    sed de más agua y vino.

Y cuando pruebo el primer alimento
me nace en ese callejón que soy
otra hambre
pidiendo, limosnera,
–más– me dice –
más vida, por favor.

5

Chernobyl

By the third day
the glow
has awakened me.

Annoyed by this glory on an empty stomach
thinking about the radio
I have no words
to say that I am sick.

At noon
once again I turn
(with my broken arm)
to the waterwheel that helps turn
other wheels
I am the hunger of life

open-mouthed
I dream awake.

I have been hungry at this table

             thirsty for more water and wine.

And when I taste the first food
in that alley that I am
another hunger is born
pleading, beggar,
-more- it says to me –
more life, please.

RELOJ AMARGO

BITTER CLOCK

[Estos pobres objetos, todavía / estarán en alguna parte.
Constantino Cavafis]

Para mi tío Manolo

*[These poor objects / must still be someplace
Constantino Cavafis]*

For my Uncle Manolo

1

En esta cuna descansa mi tío
muerto para la madera muerta
recuerdo de un árbol
ramas
sus manos
rayos que iluminaron el cuerpo de algunas mujeres.

1

My deceased uncle rests in this cradle
dead wood for this dead man
memory of a tree
his hands
branches
rays that illuminated the bodies of some women.

2

En este cuarto
estamos velando a mi tío
encendemos cirios
iluminamos al que creemos en penumbras
pero él ya cerró los párpados
y las penumbras son para los que intentamos ver a media noche
cuando una tormenta borra la fosforescencia que soñamos.

2

In this room
we are keeping vigil over my uncle
we light candles
illuminating what we believe in shadows
but he has already closed his eyes
and the shadows are for those we try to see at midnight
when a storm erases the phosphorescence that we dream.

3

Esta madera bendita
la hicieron para él
pero le dieron un ataúd de aluminio
metal
para él
que cargó metales
en la tabla cuántica en su gimnasio.

3

They made this blessed
wood for him,
but gave
an aluminum coffin
metal
to him
who carried metals
on the quantum table in his gymnasium.

4

En los minutos,
dentro de ese reloj amargo
que llevaste en el cuerpo
dando la hora exacta de tu insomnio,
ahí va el diagrama
con el que hallarás mañana
una flecha llena de brillo.

Por hoy
anuncia su llegada
el espectro de la soledad.

Llueve
sobre este escritorio

                          de presencias

           (energía)

4

Within minutes,
inside the bitter wristwatch
that you wore on your body
giving the exact hour of your insomnia,
there goes the diagram
where you will find an arrow
filled with brilliance tomorrow.

For today
the specter of solitude
announces your arrival.

It is raining
on the desk

                                  of presences

        (energy)

5

Qué transistor fue tu pequeño corazón
(el mío)
descuidaba su tierna raíz
atado con alambres a la tierra
para anhelar un fruto
(un faro)
que por las noches
se apagaba.

5

What a small transistor your heart was
(mine)
neglecting its tender roots
attached to the earth with wires
to crave a piece of fruit
(a lighthouse)
that went out
at night.

6

Mi mesa es ahora
una tabla para madurar
vocablos que no le debo a nadie.

Permite que pueda abrir esta ventana:
allá
de aquel lado
se abre también la ronca puerta
por donde mi abuelo
arrojó las semillas de naranja
mientras la radio
transmitía el inicio de una guerra.
(…)

6

My table is now
a plank to mature
words that I don't owe to anyone.

May you open this window:
there
on the other side
the hoarse door also opens
where my grandfather
planted the seeds of the orange
while the radio
transmitted the start of a war.
(…)

RaDios

Radios

[Reparación del pasado

La mejor forma de encontrar el mundo
                                        es huir del mundo.

Acaso no viste tu verdadera imagen falsa,
una vez que estabas en otros sitios,
queriendo ser otro tú,
olvidándolo todo
todo una vez dicho.

[Repairing the past

The best way to find the world
                                 is to flee the world.

You scarcely saw your true false image,
once you were in other places,
wanting to be a different you,
forgetting at once
everything you ever said.

Libro

apenas abrí un libro
diminutas palabras
como chispas
                florecieron

en mis manos la materia
frente a mis ojos la energía

Book

I barely opened a book
little words
like sparks
                bloomed

matter in my hands
energy before my eyes

Así

de estas palabras,
lector que amas las palabras
      no deberías ser el que las deje
          al olvido:
                  oleaje
    en una playa sepia
          (***asteriscos sobre la arena
              en una página magnética***).

And so

from these words,
reader who loves words
       you shouldn't be the one who lets them
           fall into oblivion:
                foliage
     on a sepia beach
              (***asterisks on the sand
                   on a magnetic page***).

De la tierra:

yo viví 20 años a la espera de un paisaje propio,
eléctrica la tormenta
recorrí las calles con mi madre
y llegué hasta la Plaza Santa Cecilia,
un corto circuito en mi cabeza
hizo que me perdiera medio siglo en un segundo.

From the earth:

I lived 20 years waiting for my own landscape,
electric storm
I crossed the streets with my mother
and arrived at Santa Cecilia Plaza,
a short circuit in my head
made me forget half a century in a second.

Los objetos,
                    imitándolos,
llegamos a ser ellos.

En el atrio de la iglesia:
franciscano,
transistor de la santidad,
a ti hemos llegado, Señor,
con estos pies desnudos,
con este afán hecho biografía.

Pero nada,
nada de los objetos
que componen el mundo:

¿No eras tú esa francesa **sombra
apoyada**
sobre la **columna** de la **casa** vieja?

Objects

imitating them
we come to be them.

In the atrium of the church:
Franciscan,
transmitter of sanctity,
to you we have come, Lord,
with these bare feet,
with this desire turned biography.

But nothing,
nothing of the objects
that make up the world:

Weren't you that Franciscan **shadow
supported**
above the **column** of the old **house**?

Mi papá reparaba radios de transistores:
libros abiertos conversaban con mi papá en ruso y en griego.
El estepario radio hablando solo,
frecuencia   onda corta
"es tarde, deberíamos pensar en volver a las playas"
"nunca es tarde"
"siempre es nunca".

My dad repaired transistor radios:
open books conversed with my dad in Russian and in
Greek.
The lone radio speaking by itself
frequency   short wave
"it's late, we should think about going back to the beaches"
"it's never late"
"it's always never."

Había maneras de hablar en la casa:

CAUTÍN es una palabra que produce ampollas en la
/lengua.
Ciertos secretos daban luz a los estudios nocturnos de mi
/padre.
ROSACRUZ. Los Ángeles, California, todos los viernes a
/las 12 de
la noche: un espejo.

FIN DE LA TRANSMISIÓN]

There were ways of speaking at home:

SOLDERING IRON are words that produce blisters on the
tongue.
Certain secrets gave light to my father's nocturnal studies.
ROSACRUZ. Los Angeles, California, every Friday at 12
at night: a mirror

END OF TRANSMISSION]

Y después

Al centro de la caverna,
ya entrada la noche,
hay un poco de fuego
naciendo de la televisión.

And then

At the center of the cave
that night had already filled,
there is a bit of fire
coming from the television.

Notas

*

Las secuencias de números que aparecen entre los versos del poema "Soldadura" pertenecen a un test para evaluar la capacidad de resolver problemas; el lector interesado puede cotejar sus respuestas en el Diccionario Médico familiar. *Reader's Digest*, Mexico, 1981, p. 167.

*

No puedo dejar de mencionar que la mayoría de los poemas de este libro tienen una estrecha relación con los fenómenos físicos descritos en el libro *Reparación de radios de transistores* de Sol Libes (Editorial Diana, México, 1966) y en los siete volúmenes que componen la enciclopedia *Electrónica* serie Uno Siete (coordinada por Harry Mileaf, Editorial LIMUSA, 1967).

*

Los poemas "Poética", "Siega" y "Escollera" no formaban parte del libro original pero, por su temática y búsqueda formal, decidí integrarlos posteriormente.

*

Este libro se escribió con el apoyo del Fondo Nacional para la Cultura y las Artes (Programa jóvenes Creadores, 2009-2010).

*

Con Historia solar obtuve los VI Juegos Florales Nacionales de Ciudad de Carmen, Campeche, México, 2013.

Notes

*

The sequences of numbers that appear between verses of the poem "Soldadura" belong to a test used to evaluate problem solving ability; the interested reader can verify answers in the Diccionario Médico Familiar. *Reader's Digest*, Mexico, 1981, p. 167.
*

I cannot fail to mention that the majority of the poems in this book have some kind of close relationship with the physical phenomenon described in the book *Reparación de radios de transistores* by Sol Libes (Editorial Diana, Mexico, 1966) and the seven volumes that make up the encyclopedia *Electrónica* serie Uno Siete (coordinated by Harry Mileaf Editorial LIMUSA, 1967).
*

The poems "Poética," "Siega" and "Escollera" were not part of the original book, but, because of their theme and formal research, I later decided to integrate them.
*

This book was written with the support of the Fondo Nacional para la Cultura y las Artes (Programa Jóvenes Creadores, 20098-2010).
*

Historia solar won the VI Juegos Florales Nacionales from the City of Carmen, Campeche, México, 2013.

www.ingramcontent.com/pod-product-compliance
Lightning Source LLC
Chambersburg PA
CBHW021240090426
42740CB00006B/622